LA DOCTRINE

DE

JÉSUS-CHRIST

SOUS SON JOUR VÉRITABLE

TRADUCTION EN VERS DES PRINCIPALES MAXIMES

DE

L'ÉVANGILE

PAR

L. BERTRAND

Mon royaume, non, non, n'est point sur cette terre.
Autrement, je pourrais envoyer mes soldats
Me délivrer des Juifs et leur faire la guerre :
Vous voyez donc fort bien qu'il ne s'y trouve pas.

Saint Jean (Chapitre XVIII. Verset 36)

EN VENTE
CHEZ TOUS LES LIBRAIRES
—
1865

DOCTRINE DE JÉSUS-CHRIST

SOUS SON JOUR VÉRITABLE

LYON, IMPRIMERIE REY & SÉZANNE

RUE SAINT-CÔME, 2

LA DOCTRINE

DE

JÉSUS-CHRIST

SOUS SON JOUR VÉRITABLE

TRADUCTION EN VERS DES PRINCIPALES MAXIMES

DE

L'ÉVANGILE

PAR

L. BERTRAND

Mon royaume, non, non, n'est point sur cette terre ;
Autrement, je pourrais envoyer mes soldats
Me délivrer des Juifs et leur faire la guerre ;
Vous voyez donc fort bien qu'il ne s'y trouve pas.

Saint Jean (Chapitre XVIII, Verset 36).

EN VENTE

CHEZ TOUS LES LIBRAIRES

1865

DÉDICACE

A Monsieur RENAN

Si j'avais les talents et l'adorable style
Dont vos ouvrages font partout jaillir le feu,
Vous dédier ces vers, embarrasserait peu
Mon esprit dont la muse est encor bien débile.

Traduire élégamment le divin Evangile,
Pour moi n'aurait alors été qu'un simple jeu,
Mais pouvoir dignement, j'en fais ici l'aveu,
Vous louer, m'eût semblé beaucoup plus difficile.

C'est que, quoi qu'on en dise, il n'est pas dispensé
A chacun, le savoir que Dieu vous a versé,
Pour qu'on puisse assez bien en rendre témoignage.

Si vous vouliez pourtant accepter l'humble hommage
Que je vous fais, Monsieur, ce serait un honneur
Dont sans cesse j'aurais le souvenir au cœur.

PRÉFACE

L'Evangile : La *Bible*, le *livre* des livres chrétiens ; le code moral de notre société civile, religieuse et politique ; le *Logos* humain pour les uns, le *Divin* révélé pour les autres, et, quoi qu'il en soit, si auguste dans son texte, que j'ai cru devoir conserver, autant qu'il m'a été possible de le faire, la candeur et la simplicité du précepte, le ton parfois âpre et impératif du commandement et de l'apostrophe, l'apparence du para doxe prenant souvent sa source dans l'ardente passion du prosélytisme, enfin, la mansuétude du fond de la doctrine.

Comme les maximes de l'Evangile, prises isolément, sont assez obscures, j'ai voulu en réunir les principales pour les vulgariser, tout en laissant à chacun le soin de méditer les conséquences et de constater les écarts plus ou moins mani festes des déductions anciennes où actuelles qu'on a tirées de ces maximes ; de voir, en un mot, si notre société est vraiment chrétienne dans le sens évangélique, et en quel sens elle s'en éloigne ou s'en est éloignée.

Quant à la critique philosophique dont l'Evangile peut être la matière, comme son origine, son auteur ou ses auteurs et autres points scabreux du sujet, amis lecteurs, je m'en rapporte à ce qu'ont écrit là-dessus, certains maîtres, et je vous laisse la solution de tout problème que peut s'adresser à lui-même un libre penseur.

LA DOCTRINE
DE
JÉSUS-CHRIST

SOUS SON JOUR VÉRITABLE

TRADUCTION EN VERS DES PRINCIPALES MAXIMES DE L'ÉVANGILE

PAR

L. BERTRAND

SAINT MATHIEU. — CHAPITRE V.

Verset 3.

Heureux, heureux sont ceux qui ne voient de la terre
Les biens qu'en leur jetant un regard dédaigneux ;
Heureux ceux que le sort plonge dans la misère,
Car ils posséderont le royaume des cieux.

Verset 4

Heureux, heureux sont ceux qui passent dans les larmes
Des jours infortunés et ne font que gémir,
Parce qu'un jour, aux cieux, ils trouveront des charmes
Qu'auprès de Dieu jamais ils ne verront finir.

Verset 10.

Heureux ceux qu'ici-bas la justice condamne
Pour des faits criminels dont ils sont innocents,
Parce qu'ils jouiront de la céleste manne
Et trouveront alors des plaisirs incessants

Versets 14, 15.

Vous êtes ici-bas la lumière du monde ;
Faites par conséquent, loin de l'en écarter,
Que sa clarté toujours de ses rayons inonde,
De toutes parts, les lieux où vous l'irez porter ;

Verset 16.

Et les hommes voyant votre façon de vivre
Et le céleste but où vous les conduirez,
Ne pourront s'empêcher, en vérité, de suivre
L'exemple des vertus que vous leur montrerez.

Verset 17.

Je ne suis pas venu vous dire que j'abjure
Vos lois pour en forger d'autres suivant mon gré ;
Je suis venu plutôt accomplir l'Écriture
Et vous faire rester dans son texte sacré.

Verset 18.

Eh bien ! moi, je vous dis que le ciel et la terre
Seront dans le néant plutôt ensevelis,
Avant que de la loi le moindre caractère
Et les plus petits mots ne se soient accomplis.

Verset 19.

Or, celui qui prendra sur sa propre sagesse,
En enseignant la loi, d'en changer la teneur,
Jamais n'aura de droits à la céleste ivresse,
Et sera le dernier par devant le Seigneur.

Verset 19 *bis*

Mais ceux à cette loi qui resteront fidèles
Et la pratiqueront comme ont fait vos aïeux,
Jouiront près de Dieu des palmes immortelles
Et seront les plus grands au royaume des cieux.

Verset 25.

Si quelqu'un par hasard vous conserve rancune,
Quand vous apporterez votre offrande à l'autel,
Pour ne pas rendre à Dieu cette offrande importune,
Votre ennemi fût-il un ennemi mortel :

Verset 24

Allez d'abord lui tendre une main généreuse,
Puis venez présenter votre offrande au saint lieu,
Et par là vous aurez l'âme bien plus heureuse
Et serez mille fois plus agréable à Dieu.

Versets 58 et 59.

Aimez vos ennemis, et loin de vous soustraire
A leur méchanceté, rendez un bon accueil
Pour le mal, qu'en ce monde, on aura pu vous faire,
Bien qu'il ait été dit : Dent pour dent, œil pour œil.

Versets 44 et 45.

Et si de votre cœur vous chassez la vengeance,
Par là vous deviendrez vraiment les fils de Dieu,
Dont la bonté confond le crime et l'innocence
Dans les dons qu'il répand, ici-bas, en tout lieu.

Saint Mathieu. — Chapitre VI.

Verset 1.

Quand vous ferez au pauvre une aumône légère,
N'allez pas le crier jusqu'au sommet des toits;
Car ce que vous ferez de bien sur cette terre,
L'Eternel dans les cieux vous le rendra cent fois.

Verset 2.

Gardez-vous d'imiter ceux qui vont dans le temple
Faire ostensiblement du bien aux malheureux,
Dans le but seulement que chacun les contemple
Et dise : Ont-ils le cœur sensible et généreux !!!

Versets 3 et 4.

Que vos aumônes donc restent toujours secrètes,
Et quand vous paraîtrez vers le Juge éternel,
Lui qui voit constamment les œuvres que vous faites,
Vous récompensera publiquement au ciel.

Verset 5.

Ne faites pas non plus comme ces hypocrites
Qui, pour être aperçus, vont prier au saint lieu,
Parce qu'ils n'ont chacun que selon leurs mérites,
La récompense alors qu'ils reçoivent de Dieu.

Verset 6.

Quand vous désirerez faire votre prière,
Montez dans votre chambre, et là, pleins de ferveur,
Prosternez-vous devant l'Eternel, votre père,
Qui sait tous les secrets que contient votre cœur.

Verset 7.

Mais n'employez alors, pas de vaines redites,
Comme font les païens qui supposent pouvoir
Se faire aux yeux de Dieu de bien plus grands mérites
Pour être à le prier du matin jusqu'au soir.

Verset 8.

Ne les imitez point: qu'au contraire l'exemple
Qu'ils donnent soit banni de votre cœur, bien loin ;
Car Dieu dont le regard sans cesse vous contemple,
Connaît avant chacun ce qui lui fait besoin.

Versets 9, 10, 11, 12 et 13.

ORAISON DOMINICALE

Vous n'avez pour prier qu'à dire: Notre Père
Qui possédez aux cieux votre siége éternel,
Que chacun en son cœur sanctifie et révère
A toute heure, en tous lieux, votre nom immortel ;
Que votre divin règne ici-bas se propage ;
Qu'aux célestes arrêts de votre volonté,
De même que le ciel, la terre rende hommage,
Aussi bien maintenant que dans l'éternité ;

Pourvoyez chaque jour à notre nourriture ;
Donnez-nous le pardon de nos péchés passés,
Comme nous le donnons à toute créature
Qui pourrait par hasard nous avoir offensés ;
Et si nous inclinons vers la funeste pente
Qui conduit dans le mal, faites, faites Seigneur,
Que votre voix, alors à notre âme, présente,
Nous détourne à jamais de ce cruel malheur.

Versets 19 et 20.

Faites des biens du monde un constant sacrifice,
Ne vous élevez point de somptueux palais,
Et vous vous bâtirez au ciel un édifice
Que la rouille et les vers ne détruiront jamais ;

Verset 21.

Car en ne faisant pas des trésors, sur la terre,
Un abandon complet, pourrez-vous ici-bas
Remplir fidèlement votre saint ministère
Si l'or, plus que ma voix, a pour vous des appas ?

Verset 24.

On ne peut pas servir deux maîtres en ce monde,
Car si l'on est pour l'un tout de zèle et de feu,
On sentira pour l'autre une haine profonde.
Vous ne pouvez aimer les richesses et Dieu.

Versets 25 et 28.

C'est pourquoi je vous dis : De votre nourriture
Ni de vos vêtements ne prenez nul souci;
Car voyez les oiseaux : manquent-ils de pâture,
Et les lis n'ont-ils pas leurs vêtements aussi?

Versets 26 et 30.

Or, aux oiseaux si Dieu conserve l'existence,
Sans que pour subsister ils s'occupent de rien,
Et s'il procure aux lis tant de magnificence,
Combien plus saura-t-il vous servir de soutien.

Versets 31 et 32.

Ainsi, n'ayez en vous aucune inquiétude
Sur les divers besoins que vous pourrez avoir;
Car je vous donne ici la pleine certitude
Que Dieu qui les connaît aura soin d'y pourvoir.

SAINT MATHIEU. — CHAPITRE VII.

Versets 1 et 2.

Ne vous constituez jamais juges sur terre,
En aucune façon, des actions d'autrui,
De crainte qu'il ne soit encore plus sévère
A votre égard que vous n'aurez été pour lui.

Verset 3.

Pourquoi remarquez-vous dans l'œil de votre frère
Le fétu, par hasard, qui s'y sera glissé,
Quand il faudrait d'abord voir, censeur téméraire,
La poutre dont le vôtre est sans doute blessé.

Verset 6.

N'abandonnez aux chiens jamais les choses saintes,
Ni ne livrez jamais vos perles aux pourceaux,
Pour ne pas y trouver de leurs pieds les empreintes
Et n'être point après, par eux, mis en morceaux.

Verset 7.

Qui travaille pour moi ne perd jamais sa peine :
Demandez en mon nom et l'on vous donnera,
Et quand vous frapperez à la porte prochaine,
Soyez toujours certains que l'on vous ouvrira.

Verset 12.

Tout ce qu'ont enseigné Moïse et les Prophètes,
Touchant les moyens d'être, aux yeux de Dieu, parfait,
Peut ainsi se traduire : A tout le monde faites
Ce que vous voudriez aussi qui vous fût fait.

Verset 15.

Gardez-vous de ces gens qui courent par le monde,
Se disant faussement des envoyés du ciel,
Et sachant affecter une vertu profonde,
Tandis que dans leur cœur tout est matériel.

Verset 16.

Vous les reconnaîtrez selon que leurs doctrines
Auront pour résultats des fruits mauvais ou bons,
Car voyons-nous jamais cueillir sur des épines
Le raisin, ou la figue au milieu des chardons?

Verset 21.

Ce ne sont pas tant ceux qui m'appellent leur maître
Qui jouiront aux cieux d'un éternel bonheur,
Que ceux dans la vertu qui savent reconnaître
La sainte volonté du divin Créateur.

Verset 22.

Plusieurs d'entre ceux-là viendront un jour me dire :
Quand nous avons, Seigneur, délivré du démon
Les esprits qu'il tenait sous son funeste empire,
Ne l'avons-nous pas fait toujours en votre nom?

Verset 22 *bis*.

N'avons nous pas rendu constamment des oracles
En nous faisant, Seigneur, l'écho de votre voix,
Et n'avons-nous pas fait des milliers de miracles
Pour répandre partout vos adorables lois?

Verset 23.

Mais quand ils paraîtront alors en ma présence,
Au lieu de leur donner des droits à ma bonté,
Je leur dirai tout haut : Pour vous point de clémence,
Gens qui n'avez vécu que dans l'iniquité.

Versets 24 et 25.

Or, quiconque de moi, ici bas, se rapproche
Par ses vertus, ressemble à l'homme de raison,
Lequel craignant la pluie et le vent, dans la roche,
A mis les fondements des murs de sa maison.

Versets 26 et 27.

Mais l'homme qui, sur terre, à moi n'est pas semblable,
Et ne pratique point mes maximes, sera
L'image de celui qui bâtit sur le sable
Sa maison que le vent sûrement détruira.

SAINT MATHIEU. — CHAPITRE IX.

Verset 12.

Allez et comprenez ce que cette parole
Contient de profondeur et de sublimité :
Je veux que l'on pardonne et non pas qu'on immole
Et que s'étende à tous la sainte charité.

Verset 13.

D'ailleurs je ne viens pas rappeler sur la terre
Au repentir celui qui suit le droit chemin ;
Car le corps qui jouit d'une santé prospère,
En vérité, n'a pas besoin de médecin.

SAINT MARC. CHAPITRE VII.

Verset 15.

Ce n'est pas dans son corps ce qu'il peut introduire
Qui rend l'homme coupable aux yeux de l'Eternel,
C'est plutôt la façon qu'il a de se conduire
Qui le fait vertueux ou le fait criminel.

Saint Luc. — Chapitre XV.

Verset 7.

A celui qui voudra se sortir de la voie
Où le péché cruel aura courbé son front,
L'Eternel donnera dans le ciel plus de joie
Que quatre-vingt-dix-neuf justes n'en recevront.

Saint Mathieu. — Chapitre X.

Versets 5, 6 et 7.

N'allez point préparer ni la terre infidèle;
Ni les Samaritains au royaume du ciel;
Mais portez-en plutôt la prochaine nouvelle
Aux enfants égarés des tribus d'Israël.

Verset 8.

Allez alors prêcher dans toutes les bourgades,
Et pour mieux ramener les hommes vers le bien,
Ressuscitez les morts, guérissez les malades; (1)
Pour rien vous l'avez eu, donnez-le aussi pour rien.

Versets 9 et 10.

Ne vous prémunissez ni d'or pour le voyage,
Ni de rien dont en route on peut avoir besoin;
Car l'ouvrier qui fait dignement son ouvrage
Mérite assurément que de lui l'on ait soin.

(1) Sens figuré, suivant certains critiqués.

Verset 11.

Et quand vous entrerez dans le sein d'une ville,
Informez vous des gens dignes de vous offrir
Un accueil bienveillant, un généreux asile,
Jusqu'au jour où de là vous voudrez repartir.

Versets 12 et 13.

Et quand vous passerez le seuil de quelque porte,
Saluez en entrant le maître du logis,
Et s'il vous rend les soins que votre œuvre comporte,
Donnez-lui votre paix, sinon, votre mépris.

Verset 21.

Mais le frère, à la mort ira livrer son frère, [1]
Le père son enfant, et l'enfant à son tour,
Dénigrant sans pitié votre saint ministère,
Persécutera ceux dont il tiendra le jour.

Versets 24 et 25.

Le disciple ne doit point surpasser son maître,
Ni l'esclave ne peut être supérieur
A celui qu'il sert; donc, qu'il leur suffise d'être
L'un semblable à son maître et l'autre à son Seigneur.

(1) Apocryphe, suivant certains critiques.

Verset 25 *bis*.

Si le monde a sur moi lancé la calomnie,
En voulant soutenir que j'étais un démon,
Combien plus viendra t-il couvrir d'ignominie
Ceux qui voudront servir la cause de mon nom.

Verset 26.

Mais rejetez au loin toute espèce de crainte,
Car il n'est rien aux yeux qui doive être soustrait,
Ni rien dont ici-bas votre mission sainte,
Aux hommes, un instant, doive faire un secret.

Verset 27.

Ce que loin des regards ici je vous conseille,
Allez, allez partout au grand jour l'ébruiter,
Et ce que je vous dis doucement à l'oreille,
Jusque sur les maisons montez le colporter.

Verset 34.

Ne croyez certes pas que je sois sur la terre
Venu faire planer les douceurs de la paix,
Je suis venu plutôt partout porter la guerre,
De la pauvre chaumière aux plus riches palais :

Verset 35.

Je suis venu plutôt rompre de la famille [1]
Les liens précieux, loin de les maintenir,
Et mettre en désaccord la mère avec la fille,
Le père avec le fils, au lieu de les unir.

Saint Mathieu.   Chapitre XI.

Versets 28 et 29.

Venez, venez à moi, vous tous qui, sur la terre,
Passez votre existence au sein de la douleur;
Venez à moi, vous tous qu'accable la misère,
Et je vous donnerai la paix et le bonheur.

Saint Mathieu.   Chapitre XII.

Versets 1 et suivants.

Nul ne doit, il est vrai, sans se rendre coupable,
Travailler le saint jour fixé pour le sabbat;
Mais lorsque le travail a quelque but louable,
Ce n'est faire à la loi pas le moindre attentat,

Verset 25.

Chaque fois qu'on verra de la guerre civile,
Un peuple ne pas fuir les affreux résultats,
Au lieu de prospérer et de vivre tranquille,
Ce peuple, sûrement, ne subsistera pas.

(1) Paradoxe apocryphe, suivant certains critiques.

Verset 35.

L'homme bon n'a besoin pour plan de sa conduite
De puiser nulle part qu'au trésor de son cœur,
Tandis que du méchant, l'existence est déduite
Des mauvais sentiments dont il ressent l'ardeur.

Versets 46 et suivants.

Je n'envisage point seulement pour mon frère
L'être qui m'est uni par le lien du sang,
Mais indistinctement celui qui fait sur terre
La volonté de Dieu, l'Eternel tout puissant.

SAINT MATHIEU. — CHAPITRE XIII.

Verset 3.

Evitez de l'orgueil la funeste influence,
Et ne vous faites point de vains noms glorieux ;
Car si vous n'êtes pas humbles comme l'enfance,
Vous n'entrerez jamais au royaume des cieux.

SAINT MATHIEU.   CHAPITRE XIX.

Versets 16 et 17.

Quelqu'un lui demandant : Quel bien puis-je, bon maître,
Faire pour acquérir le royaume du ciel ?
Jésus-Christ répondit : D'abord, il n'est qu'un être
Qui soit bon, c'est le Dieu tout puissant éternel.

Versets 17 et 18.

Quant au moyen d'entrer dans son céleste empire,
En deux mots le voici : Ne pas donner la mort,
Ne jamais dérober, ni ne jamais rien dire
Qui puisse à son voisin faire le moindre tort ;

Versets 19 et 21.

Être plein de respect pour son père et sa mère,
Puis aimer son prochain. Mais pour être parfait,
Il faut ayant vendu tout ce qu'on a sur terre,
En donner le profit aux pauvres qu'on connaît.

Saint Jean. — Chapitre V.

Verset 30.

Je ne puis, ici-bas, de moi-même rien faire ;
Je ne puis que juger d'après ce que je vois,
Et ne puis qu'obéir aux ordres de mon Père
Suivant les saints avis que de lui je reçois.

Saint Mathieu. — Chapitre XIX.

Verset 24.

L'or, d'un si vif éclat aux yeux du monde, brille,
Qu'il est en vérité moins difficultueux
Au chameau de passer par le trou d'une aiguille
Qu'au riche d'acquérir le royaume des cieux.

Saint Luc. Chapitre VI.

Versets 24 et 25.

Ainsi, malheur à vous, qui maintenant sur terre,
Passez votre existence au milieu des plaisirs ;
Car vous ne possédez qu'un bonheur éphémère,
Et bientôt vous aurez à pousser des soupirs.

Saint Mathieu. — Chapitre XX.

Versets 26 , 27 et 28.

Pratiquez entre vous, telle que je l'enseigne,
La sublime vertu de la fraternité,
Et dans tous vos rapports réciproques, qu'il règne
Du premier au dernier toujours l'égalité.

Saint Luc. — Chapitre XIV.

Verset 12.

Lorsque vous recevrez quelqu'un à votre table,
Gardez-vous qu'un voisin riche y soit convié,
Car, si d'en faire autant, il se trouve capable,
Quel mérite aurez-vous quand vous serez payé ?

Versets 13 et 14.

Mais, si dans un repas que chez vous l'on vient prendre
Vous n'avez que des sourds, des pauvres, des perclus,
Des gens, enfin, n'ayant pas de quoi vous le rendre,
Dieu vous en tiendra compte au séjour des élus.

Saint Jean.   Chapitre XVIII.

Verset 36.

Mon royaume, non, non, n'est point sur cette terre,
Autrement je pourrais envoyer mes soldats
Me délivrer des Juifs et leur faire la guerre;
Vous voyez donc fort bien qu'il ne s'y trouve pas.

Saint Mathieu.   Chapitre XXII.

Versets 17, 18, 19, 20 et 21.

Par le règne des cieux je ne veux point entendre
Que l'Etat doive ou non, sur vous perdre son droit:
Il faut rendre à César ce que vous devez rendre,
Comme au Dieu créateur l'hommage qu'on lui doit.

Versets 36, 37, 38, 39 et 40.

Deux grands commandements peuvent former la somme
De tous ceux que l'on trouve énoncés dans la loi;
Le premier, qu'il faut suivre avant tout, dit à l'homme
D'aimer Dieu; le second, son prochain comme soi.

Verset 3.

Ce que les Pharisiens vous prescrivent de faire
Sous le prétexte au bien, de conduire vos pas,
Gardez vous d'y manquer en aucune manière,
Mais les œuvres qu'ils font ne les imitez pas;

Verset 4.

Car ils prennent sur eux d'exercer leurs contrôles
Sur ce dont ils se font sans cesse un passe-droit,
Et de faire porter à vos faibles épaules
Des fardeaux que jamais ils ne touchent du doigt.

Versets 5 et 6.

Pour se faire à vos yeux de louanges plus dignes,
Ils ne font qu'étant vus, du bien aux malheureux,
Affectent de porter de la loi les insignes
Et vont dans les festins en habits somptueux.

Versets 7, 8 et 10.

On les voit constamment dans le temple paraître,
Ainsi qu'aux lieux publics à la place d'honneur,
Souffrant d'être appelés par chacun: Notre maître,
Tandis que c'est moi seul qui suis votre docteur.

Versets 11, 12.

Qu'au dernier le premier serve de domestique ;
Car celui qui voudra s'élever, l'Eternel
L'abaissera, tandis que celui qui s'applique
A s'abaisser sera grand un jour dans le ciel.

Saint Marc. — Chapitre VII.

Verset 6.

C'est de vous Pharisiens que parlait Isaïe,
Quand il disait : Ces gens m'honorent seulement
Des lèvres, mais leur cœur n'est pas en harmonie
Avec ce que Dieu dit dans son commandement.

Versets 8 et 9.

En suivant strictement de la loi le précepte,
Par là croyez-vous donc être religieux ?
Et que Dieu bonnement comme tels vous accepte,
Parce que vous suivez les pas de vos aïeux ?

Saint Luc.   Chapitre XI.

Verset 52.

Après avoir ravi les clefs de la science
Où vous-mêmes jamais n'avez pu pénétrer,
Vous n'avez pas voulu sortir de l'ignorance
Ceux qui vers celle-là se sentaient attirer.

Saint Mathieu — Chapitre XXIII.

Verset 28.

Devant vos actions le monde s'extasie
Et vous prend pour des gens pleins de sincérité,
Tandis que votre cœur est tout hypocrisie
Et que votre existence est toute iniquité.

Verset 14.

Aussi, malheur à vous, Pharisiens hypocrites,
Qui vous appropriez des veuves tout le bien,
Sous le prétexte vain que pour elles vous dites
Des prières à Dieu, mais ne servant de rien.

Verset 15.

Malheur, malheur à vous, Pharisiens hypocrites,
Qui sans cesse courrez et la terre et la mer,
Pour faire à votre loi de nouveaux prosélytes
Et les rendre encor plus que vous fils de l'enfer.

Versets 25 et 26.

Malheur, malheur à vous, Pharisiens hypocrites,
Qui lavez seulement votre coupe au dehors
Et qui vous adonnez à des faits illicites,
Lorsque le cœur doit être aussi pur que le corps.

Verset 27.

Malheur, malheur à vous, Pharisiens hypocrites,
Car vous êtes pareils à des tombeaux blanchis,
Ayant bien au dehors de précieux mérites,
Mais à l'intérieur, des cadavres pourris.

Verset 13.

Malheur, enfin, à vous, Pharisiens hypocrites,
Parce que possédant les clefs du paradis,
Et voulant qu'elles soient aux autres interdites,
Vous prétendez en vain aux célestes parvis.

SAINT JEAN   CHAPITRE XII.

Verset 47.

Celui qui ne croit pas ma religion bonne,
Je ne le blâme point, car je n'ai qu'un seul but,
Non de me faire juge, ici-bas, de personne,
Mais d'accomplir plutôt, du monde, le salut.

Lyon, imp Rey et Sézanne

LYON, IMPRIMERIE DE REY ET SÉZANNE

Rue Saint Côme , 2

www.ingramcontent.com/pod-product-compliance
Lightning Source LLC
Chambersburg PA
CBHW061726060726

47597CB00006B/2598